Les plus beaux prénoms d'Afrique noire :

pour une vie épanouie

Femi Namibi

1ère édition : avril 2024 (revue et augmentée)

À l'Afrique-mère

À l'épanouissement de tous les Noirs et Afro-descendants

Dédicace spéciale :

À mes parents, Ameyo Affantodji et Abram F.

À mes descendants

J'ai choisi d'ouvrir sur un autre soleil les yeux de mon fils (Aimé Césaire)[i]

Introduction

Tout parent sait combien il peut par moments s'avérer ardu de trouver puis de choisir le prénom d'un nouveau-né. Quant au Noir ou à l'Afro-descendant, par un phénomène d'hystérésis causé par nombre de traumatismes liés aux vicissitudes de l'histoire, il a tendance à rejeter des faits culturels émanant de l'Afrique noire. D'autant que, depuis nombre de siècles, tout ce qui est lié à l'Afrique noire a été décrit comme sans valeur, et discrédité par voie de conséquence.

Au demeurant, il est par moments heureux de constater qu'un Afro-descendant ressente le besoin d'adopter un prénom de ses origines sub-sahariennes. C'est dire, un prénom qui soit le reflet d'une vision du monde, d'une histoire, d'une culture, dans un but d'épanouissement personnel, de retour à soi, d'appropriation de ses valeurs ancestrales, pour y puiser une lumière qui illumine sa vie.

Justement, cet auteur décrit le processus du cheminement vers soi : *« j'ai remonté avec mon cœur l'antique silex, le vieil amadou déposé par l'Afrique au fond de moi-même »*[ii]. L'ancrage dans le passé de ses ascendants participe de l'harmonie avec soi. Il est inutile de rappeler combien la tradition recèle en son sein, la modernité qui par ailleurs n'a rien à voir avec le rejet de ses racines. C'est ainsi qu'un concentré de sagesse du peuple sar (Tchad) nous apprend que, *« ri i yâ kë a ra dee » (le nom est une chose qui fait la personne) »*[iii], tandis qu'un proverbe kirundi (Burundi) nous révèle que *« izina ni ryo muntu (le nom, c'est l'Homme) »*[iv].

Alors que bien des peuples ressuscitèrent leurs langues ancestrales presque disparues et revitalisèrent les cultures afférentes, attribuant ainsi à leurs descendants, des noms issus de leurs cultures ancestrales, à l'opposé, nombre de ressortissants d'Afrique noire, par haine de soi, par ignorance coupable ou laisser-aller collectif, perpétuent de leur propre gré ce processus de génocide culturel, legs d'une histoire multiséculaire douloureuse.

Or, la terre entière ne cesse de rappeler à l'Afro-descendant, et même malgré lui, son lien à l'Afrique-mère, quelle que soit la latitude où il se trouve, tel un tronc d'arbre qui ne se transforme jamais en crocodile, peu importe la durée de son séjour dans le marigot.

Même le français Schœlcher va jusqu'à conférer mais plutôt fermement à l'Afro-descendant, une mission : *« tout Homme ayant du sang africain dans les veines ne saurait jamais trop faire dans le but de réhabiliter le nom de Nègre… ; c'est peut-on dire, pour lui, un devoir filial »*[v].

Pour nombre de traditions y compris africaines, le nom contribue de la maîtrise de la condition humaine et participe du bonheur. En effet, il peut concourir à combler le vide existentiel ou aider à refuser de s'éloigner de soi (l'aliénation), à travers la démarche consciente d'une quête de soi ou de sens. Césaire décrit, à travers ces lignes, le déchirement de l'aliéné : *« sentez-vous la douleur d'un Homme de ne savoir par quel nom il s'appelle ? À quoi son nom l'appelle ? Hélas seule le sait notre mère l'Afrique »*[vi].

C'est, en dernière analyse, une manière de témoigner un amour indéfectible à sa terre d'origine, qu'on y soit né ou pas. Cela dénote un ancrage dans une fidélité, dans une mémoire partagée, dans un amour filial, dans une estime de soi, dans une confiance en soi tout autant que dans une affirmation de soi, démarche salvatrice pour soi-même, pour l'Afrique-mère tout autant que pour l'humanité. Ce proverbe ewe (Ghana, Togo, Bénin) ne nous démentirait pas qui révèle que *« ekà xóxóá nú yé wó sà nà ekà yéyéá ɖó (c'est au bout de l'ancienne corde qu'on attache la nouvelle corde) »*. C'est plutôt une manière de vivre au quotidien, des valeurs auxquelles on s'identifie, du fait d'une filiation. Ce qui n'a par ailleurs rien d'un enfermement ou d'une vision carcérale de l'identité. Précieux, Césaire rappelle que culturellement, un peuple peut se perdre par dilution dans un universel, au demeurant fallacieux, cet universel n'étant que le reflet d'un particularisme érigé en universel, par volonté feinte d'une hégémonie culturelle.

Quoi qu'il en soit, nos ancêtres choisissaient des prénoms (il s'agissait souvent de plusieurs prénoms pour une seule personne) qui leur permettaient entre autres :

- D'être, au plan somatique, en harmonie avec eux-mêmes : acceptation ou cohérence avec son corps (esthétique, genre).

- D'être, au plan moral ou psychologique, en accord avec eux-mêmes : confiance en soi, audace face aux vicissitudes de la vie, certitude en sa réussite personnelle, sentiment rassurant d'appartenance à une communauté.

- D'être, au plan intellectuel, confiants en leurs raisons, ce qui libère l'énergie créatrice : capacité de solliciter la raison, pour régler les problématiques de la vie.

- D'être, au plan spirituel, dans la recherche d'une harmonie avec tout ce qui vie et tout ce qui est, y compris le Créateur.

Une question : au point où vont les choses, que restera-t-il des prénoms foncièrement originaires (culturellement/linguistiquement parlant) d'Afrique noire, à l'horizon 2100 ?

Puisse ce livre être utile à tout Afro-descendant, et par extension, à tout humain.

Avertissement

Concernant les pays dans lesquels se trouvent les peuples qui utilisent les prénoms répertoriés, par simplification, j'ai choisi d'associer un peuple à un pays, bien que chaque peuple référé soit généralement éparpillé dans plusieurs pays. Quoi qu'il en soit, il est aisé de retrouver soi-même les pays dans lesquels se situe chaque peuple listé.

CLASSIFICATION PAR ORDRE ALPHABÉTIQUE

Prénom	Signification	Sexe concerné	Peuple (qui nous a légué ce prénom)

Prénom	Signification	Sexe concerné	Peuple
Abidé Abiré	La Reine	Femme	Kabyè (Togo)

Prénom	Signification	Sexe concerné	Peuple
Abimbola	En bonne santé	Femme	Yorouba (Nigeria)
La première femme médecin au Nigeria s'appelle Abimbola Awoliyi (1970-1971)			

Prénom	Signification	Sexe concerné	Peuple
Abiola	Né dans l'honneur	Homme	Yorouba (Nigeria)
Un critique littéraire et l'un des précurseurs de l'enseignement de la littérature africaine en Afrique et aux USA, s'appelle Abiola Irele (1936-2017)			

Prénom	Signification	Sexe concerné	Peuple
Adaego	Fille de la richesse	Femme	Ibo (Nigeria)

Adebayo Adebayor	Né à une époque heureuse	Homme	Yorouba (Nigeria)
Nota : Adenayor est l'un des plus talentueux footballeurs togolais ayant participé à la coupe du monde en 2006.			

Adedagbo	La joie	Femme	Yorouba (Nigeria)

Adéola	La couronne de richesse	Mixte	Yorouba (Nigeria)
Nota : la première aviatrice nigériane s'appelle Adeola Ogunmola Sowemimo			

Adetoun	La princesse	Femme	Yorouba (Nigeria)

Adna	L'unité	Homme	Bassa (Cameroun)

Agu	Le lion	Homme	Ibo (Nigeria)
Agu Ibe est un universitaire et chercheur, dans le domaine des sciences appliquées et de l'ingénieurie au Nigeria			

Akame	Le protecteur	Homme	Fang (Gabon)
Akame est le prénom de Mfoumou, un homme politique du Cameroun			

Akin	L'audacieux, le héros	Homme	Yorouba (Nigeria)
Akintola Williams (1919-2023), diminutif Akin, est le père de l'expertise comptable au Nigeria, et l'un des promoteurs du développement économique du Nigeria			

Akinlana	Le brave	Homme	Yorouba (Nigeria)

Akinwole	La bravoure est entrée dans la maison	Homme	Yorouba (Nigeria)

Akofa	Cœur en paix	Femme	Ewe (Togo)
Nota : Akofa est le prénom d'une chanteuse togolaise, Akofa Akoussah			

Akol	Le soleil	Homme	Dinka (Soudan)
Nota : Akol, un patronyme, dont l'une des personnalités qui l'ait porté, s'appelle Lam Akol. Il était un universitaire et homme politique du Soudan du Sud.			

Akpoué	La roche	Homme	Baoulé (Côte d'Ivoire)

Allaly, Alali, Alaly	La quiétude	Mixte	Baoulé (Côte d'Ivoire)

Alombe Elombe	Le meilleur	Homme	Mbochi (Congo)

Amahle	Le beau ou la belle	Mixte	Zoulou (Afrique du sud)

Amandla	Pouvoir et force	Homme	Zoulou (Afrique du sud)
Amandla est le prénom d'une réalisatrice, actrice et activiste africaine-américaine, Amandla Stenberg			

Amari	Celui qui construit	Homme	Yorouba (Nigeria)
Nota : Amari est le prénom d'un joueur de football africain-américain, Amari Coopers			

Amazou	Celui qui sait tout	Homme	Ibo (Nigeria)

Angola	Le puissant, le fort	Homme	Kikongo (Congo)

Angou	La force	Femme	Bamiléké (Cameroun)

Aninkell	La fille splendide	Femme	Yorouba (Nigeria)

Ariola	La joie est parmi nous	Femme	Yorouba (Nigeria)

Assima :	Celle qui sait	Femme	Kabyè (Togo)

Asis	Le soleil	Homme	kalenji (Kenya)
Asnoji	La charité	Mixte	Ngambaye (Tchad)
Asseye	La joie, louange	Mixte	Ewe (Togo)
Aye	La vie	Femme	Yorouba (Nigeria)
Ayédou	La vie est douce	Mixte	Yorouba (Nigeria)
Ayéfèmi	Dieu m'a comblé	Mixte	Yorouba (Nigeria)
Ayo	La joie	Femme	Yorouba (Nigeria)

Nota : Ayo, c'est l'appellation d'une chanteuse d'origine nigériane. C'est également le prénom d'Ayo Edebiri, une actrice, scénariste et productrice américaine, s'appelle Ayo Edebiri. De même, aux Etats-Unis, un joueur de basket professionnel s'appelle Ayo Dosunmu.

Ayobami	Le bonheur m'est arrivé, je suis bénie	Femme	Yorouba (Nigeria)

Ayodele	La joie entre dans la maison	Femme	Yorouba (Nigeria)

Ayog	L'audace	Homme	Fang (Gabon)

Ayokunmi	Je suis plein de joie	Mixte	Yorouba (Nigeria)

Azikiwe	Je suis plein de vigueur	Homme	Ibo (Nigeria)

Nota : Azikiwe est le premier Président du Nigeria, un Panafricaniste convaincu et l'un des acteurs de l'indépendance de son pays.

Azoubouke	Les expériences du passé sont ta force	Homme	Ibo (Nigeria)

B

Bahati	La chance	Femme	Maniema (Congo)
Nota : un célèbre chanteur du Kenya porte ce nom			

Bamara	Le lion	Homme	Sango (République centrafricaine)

Bamba	Le chef	Homme	mandingue (Mali)
Nota : Bamba est le nom du fondateur du mouridisme au Sénégal			

Baonoji :	Riche en bonté	Mixte	Sara (Tchad)

Baoro	Le grand guerrier	Homme	Ngambaye (Tchad)

Barane	Le doué	Homme	Sérère (Sénégal)

Barkido	Bénie	Femme	Poular (Sénégal)

Barouan	Le bel homme	Homme	Bété (Côte d'Ivoire)

Bassola	Désiré, Désirée (l'enfant)	Mixte	Maniema (Congo)

Bediako	Il triomphe des obstacles	Homme	Akan (Côte d'Ivoire)
Nota : Bediako est le nom d'un célèbre médecin au Ghana, Kojo Bediako			

Bidossessi	Sous la protection divine	Mixte	Fon (Bénin)

Bilama	La beauté	Femme	Bassa (Cameroun)

Blê, Ble	Le buffle	Homme	Bété (Côte d'Ivoire)
Nota : Ble ,c'est le nom d'un homme politique ivoirien, Charles Ble Goudé			

Bohlokoa	Précieuse	Femme	Basotho (Afrique du sud)

Bollarint	Je chemine mon chemin avec puissance et honneur	Mixte	Yorouba (Nigeria)

Boueni	La prospérité	Femme	Ipounou (Gabon)

Bouesse	Chance, réussite	Mixte	Bembe (Congo)
Bouesso			Kongo (Congo)

Boussara	La sagesse	Femme	Swahili (Kenya)

Bouyisiwe	Celui qui est revenu	Homme	Zoulou (Afrique du sud)

<table>
<tr><td colspan="4" align="center">C</td></tr>
</table>

Chaka	Puissance protectrice	Homme	Téké (Congo)

Chiagozi	Dieu m'a béni	Femme	Ibo (Nigeria)

Chiazokam	Dieu m'a bien protégée	Femme	Ibo (Nigeria)

Chibouzor	Sous la protection divine	Homme	Ibo (Nigeria)

Chiemelie	Dieu a gagné	Homme	Ibo (Nigeria)

Chinyelu	Invincible	Homme	Ibo (Nigeria)

Chizoba	Dieu nous protège	Homme	Ibo (Nigeria)

Cholwe	Chanceux	Homme	Tonga (Zambie)

Coredeas	La personne qui a apporté de bonnes choses	Mixte	Yorouba (Nigeria)

D

Dagbeva	Le bonheur est venu	Mixte	Ewe (Togo)
Dagbewa			Fon (Bénin)

Danmaji	Dans le bonheur	Femme	Ngambaye (Tchad)

Dembaye	Reine, symbole de la sagesse	Femme	Ngambaye (Tchad)

Diam	La paix	Femme	Poular (Sénégal)
Diama			

Diata	Le lion	Homme	Malinké (Mali)
Djanta			Ewe (Togo)

Diel	La sagesse	Homme	Ipounou (Gabon)
Diela, Dyela	Intelligence	Homme	Kikongo (Congo)
Dikéki	La gaieté	Femme	Ipounou (Gabon)
Dikoutou	Le pilier	Homme	Ipounou (Gabon)
Dila	Le lion	Homme	Souma (Centrafrique)
Dingam	L'homme (symbole de force, détermination)	Homme	Ngambaye (Tchad)
Diogoye	Le lion	Homme	Sérère (Sénégal)

Dipalesa	Les fleurs	Femme	Basotho (Afrique du sud)
Dipita	L'espoir	Homme	Douala (Cameroun)
Djaïli	La lumière	Femme	Poular (Sénégal)
Djouba	Le soleil	Homme	kilouba (Congo)
Dodzi	Sois audacieux, audacieuse	Mixte	Ewe (Togo)
Domong	La puissance	Homme	Ngambaye (Tchad)
Doumro	L'imbattable	Homme	Ngambaye (Tchad)

Doussou	L'audace	Homme	Bambara (Mali)
Dout	Celle qui console	Femme	Dinka (Soudan)
Dzidoula	Le victorieux/la victorieuse	Mixte	Ewe (Togo)
Dzifa	Cœur en paix	Femme	Ewe (Togo)
Dzouwa	Le soleil	Homme	Chicheva (Malawi)

E			

Ebaka	L'audacieux	Homme	Mbochi (Congo)

Ebara Ibara	Celui qui pense	Homme	Mbochi (Congo)

Ebelle	La fortune	Femme	Douala (Cameroun)

Ebouki	Il est victorieux	Homme	Douala (Cameroun)

Édem	Dieu m'a délivré	Homme	Ewe (Togo)

Nota : Édem (Edem) est le prénom d'un Secrétaire Général de l'OUA, Organisation de l'Unité Africaine, ancêtre de l'UA (Union Africaine)

Elaka	Promesse	Mixte	Lingala (Congo)

Élanyon (Élagnon)	L'avenir sera radieux	Mixte	Ewe (Togo)
Énangnon			Fon (Bénin)

Elat	L'unité, l'union	Femme	Fang (Gabon)

Elikia	Espoir, espérance	Homme	Lingala (Congo)

Nota : Elikia est le prénom d'un historien originaire de la RDC (Congo Kinshasa)

Élinam	Dieu est présent pour moi	Mixte	Ewe (Togo)

Elom (Élom) :	Il (Dieu) m'aime	Mixte	Ewe (Togo)

Nota : Élom est le prénom d'Élom Kokou Fourn, un ancien maire de la ville de Lomé (TOGO) ;

| Elon | Une chose rare | Femme | Fang (Gabon) |

| Elong | Perfection | Homme | Douala (Cameroun) |

| Elonga | Victoire, réussite | Mixte | Lingala (Congo) |

| Emeka | Celui qui fait de grandes actions | Homme | Ibo (Nigeria) |

| Énam | Dieu m'a donné/Dieu mon pourvoyeur | Homme | Ewe (Togo) |

| Enjuba | Le soleil | Homme | Louganda (Ouganda) |

| Eriyomi | Je bénéficie de la grâce divine | Femme | Yorouba (Nigeria) |

Esengo	Joie	Mixte	Lingala (Congo)

Essohana	Dieu est providence	Homme	Kabyè (Togo)

Essossinam	Que Dieu m'aide	Homme	Kabyè (Togo)

Ewa	Beauté	Mixte	Yorouba (Nigeria)

Eyombwe	Vénus	Femme	Douala (Cameroun)

Éyram	Il m'a béni	Homme	Ewe (Togo)

Ezenma	La reine de beauté	Femme	Ibo (Nigeria)

<table>
<tr><td colspan="4" align="center">F</td></tr>
</table>

Fashola	La bénédiction divine	Femme	Yorouba (Nigeria)
Nota : Fashola est le nom d'un homme politique nigérian

Fela	Dieu me rendra grand, Dieu m'ouvrira des portes	Homme	Yorouba (Nigeria)
Nota : Fela est le prénom de Fela Kuti, est un musicien nigerian, inventeur de l'afrobeat.

Felwine	Aimé de tous	Homme	Serère (Sénégal)
Nota : Felwine est le prénom de Felwine Sarr, un intellectuel sénagalais

Folayan	Je chemine mon chemin avec dignité	Femme	Yorouba (Nigeria)

Folou	Le protégé (par Dieu)	Homme	Yorouba (Nigeria)

Folouke	Dieu prend soin de vous	Femme	Yorouba (Nigeria)

Frondo	Le baobab	Homme	Baoulé (Côte d'Ivoire)

<table>
<tr><td colspan="4" align="center">G</td></tr>
</table>

Gandal	La connaissance	Homme	Poular (Sénégal)

Ganga Nganga	Le maître, le savant, le médecin, le prêtre, Celui qui a la connaissance	Homme	Congo (Congo)

Gweha	L'amour	Femme	Bassa (Cameroun)

Gniwlim Niwlim	L'or, beauté éclatante	Femme	Kabyè (Togo)

Gniwtou Niwtou	La robustesse	Homme	Kabyè (Togo)

H

Hadepitont Pitont (diminutif)	Je suis ici-bas pour accomplir des choses merveilleuses	Homme	Yorouba (Nigeria)

Hadeshegon	Je suis venu pour être un vainqueur	Homme	Yorouba (Nigeria)

Hadesholla Sholla (diminutif)	Je suis ici-bas pour vivre dans la prospérité	Femme	Yorouba (Nigeria)

Heben[vii]	Aujourd'hui, c'est un nom pour magnifier la beauté de la peau noire ou de la femme noire	Femme	IIIe dynastie, vers 2660 avant notre ère Pharaonique (Égypte)

Nota : Heben (hbn), Ebenos (copte), prononciation originelle d'un nom dérivé de la langue pharaonique, et désignant à l'origine un bois précieux, de couleur noire. Il présente diverses autres prononciations chez les peuples qui ont emprunté ce mot : Ebenos (grecque), Hobnim (hébraïque), Abanus (arabe), Ebenus (latine), Ebony (anglaise), Ébène (française). C'est donc un prénom pour sublimer la beauté de la peau noire, et son caractère précieux, au final, la beauté noire.

Hesyre	Celui qui honore Dieu	Homme	IIIe dynastie, vers 2660 avant notre ère Pharaonique (Égypte)
Nota : Hesyre fut un contemporain d'Imhotep. Il arborait avant l'heure la une coupe « afro ». Il fut Médecin, Médecin-dentiste			

Hiyé	Le soleil	Femme	Soninké (Mali)

Hodéré	L'étoile	Femme	Poular (Sénégal)

Houidédji	L'enfant au destin tracé	Mixte	Fon (Bénin)

I			

Iben	L'harmonie	Homme	Ibo (Nigeria)

Ife	L'amour	Femme	Yorouba (Nigeria)
Nota : Ile Ife est une cité yorouba, célèbre par ses têtes de terre cuite et de bronze. Et Oni Ife est le Souverain du Royaume Ife des Yorouba.			

Ifetayo	Celle qui aime exceller dans tous les domaines	Femme	Yorouba (Nigeria)

Ihechi	La lumière de Dieu	Homme	Ibo (Nigeria)

Ikaka	L'audacieux	Homme	Mbochi (Congo)

Ikonga	La belle	Femme	Ndundu (Congo)

Imhotep	Celui qui vient en paix	Homme	Pharaonique, IIIe dynastie, 2780 avant notre ère (Égypte)
Nota : Imhotep est le nom d'un savant, écrivain, architecte, concepteur de la première Pyramide, et médecin			

Ingamaji	Celle qui a reçu le bonheur	Femme	Ngambaye (Tchad)

Ireti	Espoir, espérance	Homme	Yorouba (Nigeria)

Irisalo	Le soleil	Homme	Bété (Côte d'Ivoire)

Iromi	La reine	Femme	Ipounou (Gabon)

Isabis	Elle est belle à regarder	Femme	hottentot (Afrique du sud)

Isaro	La perle rare	Homme	kinyarwanda (Rwanda)

Issine	La richesse	Femme	Ipounou (Gabon)

Iyabo	La mère est de retour	Femme	Yorouba (Nigeria)
Nota : Iyabo est le prénom d'une sénatrice du Nigeria, Iyabo Obasanjo			

Izuba	Le soleil	Femme	Kinyarwanda (Rwanda)

J			

Jant	Le soleil	Homme	Wolof (Sénégal)

Jaramogi	Lingala	Homme	Luo (Kenya)

Jata	Étoile	Femme	Kikouyou (Kenya)

Jeki	Le vainqueur	Homme	Douala (Cameroun)

Jimong	Le puissant	Homme	Ngambaye (Tchad)

Jomo	Le feu, la flamme	Homme	Kikouyou (Kenya)

Nota : Jomo est le prénom d'un homme politique du Kenya, Jomo Kenyatta. Ce dernier fut une grande figure de l'anticolonialisme britannique, de souveraineté et du panafricanisme

Juva	Le soleil	Femme	Shona (Botshwana)

K

Kabaka	Le roi	Homme	Baganda (Ouganda)
Nota : Kabaka est le titre conféré au roi du Royaume du Bouganda qui est localisé dans l'actuel Ouganda			

Kag	La panthère, la vie, la force	Homme	Ngambaye (Tchad)

Kagiso	La paix	Femme	Tswana (Botswana)

Kali	Énergique	Femme	Senoufo (Mali)

Kandaka (Candace)	La reine	Femme	Soudan ancien
Kindak [viii]			Bassa (Cameroun)
Nota : Kdi (Kadi, Kedi), en méroïtique, signifie *femme*. Et Kandake, Kandaka, signifie en méroïtique *La reine*, et de même en basaa au Cameroun : Kindak, *Reine, épouse royale* Il y a eu une lignée de reines Kandaka ayant regné dans le Royaume de Koush, à partir du IIe siècle avant notre ère. Elles y ont exercé un pouvoir politique suprême. La reine Amanishakete est la plus connue. La Bible à travers l'Acte des Apôtres 8 [27-28] se fait l'écho d'une Candace (Amanitore).			

Kanyinsola (Kányisólá) Diminutif, Kanyi	La saveur agréable de la richesse	Femme	Yorouba (Nigeria)

Kanoji	Les bonnes œuvres	Femme	Ngambaye (Tchad)

Kanon	La bravoure	Homme	Bété (Côte d'Ivoire)

Kantigi	Une personne de confiance	Homme	Ibo (Nigeria)

Karamoko	Le savant	Homme	Malinké (Mali)

Nota : Karamoko, c'est le nom d'un Professeur de philosophie, de l'Université Félix Houphouët-Boigny, originaire de Côte d'Ivoire. En outre, au moins deux grands joueurs de foot de haut niveau, en Europe, portent Karamoko comme nom de famille.

Kartlejo	Le succès	Femme	Tswana (Botswana)

Kashama Nkashama	Le léopard	Homme	Kilouba (Congo)
Nota : Nkashama (Kashama), c'est le nom d'un écrivain, poète et dramaturge, originaire du Congo (Kinshasa), Pius Ngandu Nkashama			

Kaweria	La bien-aimée	Femme	Merou (Kenya)

Kazouba	Le soleil	Homme	Bemba (Congo)

Keletigui (Kélétigui)	Chef militaire	Homme	Malinké (Mali)
Nota : Keletigui est le titre attribué à Samory Touré, un empereur qui s'est opposé à la colonisation française. C'est hiérarchiquement le titre le plus élevé au sein de son armée.			

Kéli Kekéli	La lumière	Femme	Ewe (Togo)

Kembou	La magnificence	Homme	Ipounou (Gabon)

Kemi (diminutif de Oloukemi)	Dieu m'a béni	Mixte	Yorouba (Nigeria)
Nota : Kemi est le prénom de Kemi Omotosho, la première femme à diriger une grande entreprise de télévision payante (Nigéria). De même, Kemi Adeosun est une banquière d'Affaire et ancienne ministre au Nigéria			

Kemi	La couleur noire	Mixte	Pharaonique, copte (Égypte)

Kengal	Le soleil	Homme	Kanouri (Cameroun)

Keziah	Le trésor	Homme	Yorouba (Nigeria)
Nota : Keziah est le prénom d'un célèbre artiste d'origine nigériane			

Khangé	L'or	Homme	Poular (Sénégal)

Khanyisile	Celle qui apporte la lumière	Femme	Zoulou (Afrique du sud)
Nota : une célèbre actrice d'Afrique du sud, s'appelle Khanyi Mbau (Khanyi = diminutif de Khanyisile)			

Khethiwe	Celle qui est choisie	Femme	Zoulou (Afrique du sud)
Kiesse	La joie	Femme	Kikongo (Congo)
Kihiga	Un rocher	Homme	Kikouyou (Kenya)
Kilima	La montagne	Mixte	Swahili (Kenya)
Kinati	Guide	Mixte	Kikongo (Congo)
Kinè	Le chef	Homme	Bassa (Cameroun)
Kinuani	Guerrier	Mixte	Kikongo (Congo)
Kirinyaga	La montagne de luminosité	Homme	Kikouyou (Kenya)

Kito	Le joyau, précieux	Homme	Swahili (Kenya)

Kitoko	Le beau, la belle	Mixte	Lingala (Congo)

Kodé	Les étoiles	Femme	Poular (Sénégal)

Kounandila	La chance	Femme	Bambara (Mali)

Kouti	Celui qui ne peut être détruit par la main de l'homme	Homme	Yorouba (Nigeria)

Kwento	Celui (celle) qui protège son nom de famille de la destruction	Mixte	Ibo (Nigeria)

L			

Lama	La beauté	Femme	Bassa (Cameroun)

Langa	Le soleil	Mixte	Zoulou (Afrique du sud)
Nota : à l'origine un patronyme, on connaît un écrivain et poète de renom, et l'une des figures majeures de la lutte contre l'apartheid : Mandla Langa			

Leke	Le triomphe	Homme	Yorouba (Nigeria)

Léleng	Douceur, bonheur, chance	Mixte	Kabyè (Togo)

Lemaji / Maji, Madji (diminutif)	Une bonne chose	Femme	Ngambaye (Tchad)

Lencho	Le lion	Homme	Oromo (Éthiopie)

Lerato	L'amour	Femme	Basotho (Afrique du sud)
Nota : Lerato est un prénom porté par un activiste des droits humains, Lerato Sengadi.			

Lesedi	La lumière	Femme	Tswana (Botswana)

Lokar	La lumière	Homme	Sara (Tchad)

Longui	L'apprentissage de la sagesse	Femme	Kikongo (Congo)

Loumoumba, Lumumba	Talentueux, brillant	Homme	Swahili (Kenya)
Nota : un partisan résolu de l'indépendance de Congo (Kinshasa), de même que du panafricanisme, porte ce nom : Patrice Lumumba,			

Louvouma	La jolie fleur	Femme	Kikongo (Congo)

Louzolo	L'amour	Femme	Kikongo (Congo)

Lwazi	Le savoir	Homme	Zoulou (Afrique du sud)

<table>
<tr><td colspan="4" align="center">M</td></tr>
</table>

Maïherperi (Meherperi)	Lion du champ de bataille	Homme	Pharaonique
Nota : Maïherperi est le prénom du fils de l'architecte égyptien ancien Senmout (Senenmout). Même à cette époque lointaine, il était scolarisé : éducation à l'école du Palais (appelé kep), avec d'autres enfants royaux			

Mahounan	Dieu a donné	Mixte	Fon (Bénin)
Mawouna			Ewe (Togo)

Majiadem	La chance m'a souri	Homme	kalenji (Kenya)

Majire	Le bonheur est arrivé	Femme	Ngambaye (Tchad)

Makane	La grandeur	Mixte	Sérère (Sénégal)
Nota : Makane est le prénom d'un Professeur de droit international de réputation internationale voire mondiale (Makane Mbengue)			

| Makena | Heureuse | Femme | Merou et kikouyou (Kenya) |

| Mayi | La panthère | Homme | Kabyè (Togo) |

| Makoula | La perle | Femme | Baganda (Ouganda) |

| Malado | La chanceuse | Femme | Poular (Sénégal) |

Nota : Malado est le prénom d'une économiste guinéenne, spécialiste du développement économique du des politiques publiques en Afrique.

| Mandla (Mandela) **Variante :** Mandlenkozi (la puissance de Dieu) | La puissance | Homme | Zoulou (Afrique du sud) |

Nota : Mandela est le patronyme de Nelson Madiba Mandela, une des grandes figues de la lutte contre l'apartheid et ancien Président d'Afrique du sud

| Mandlakhe | La persévérance | Homme | Zoulou (Afrique du sud) |

| Mangolu | La puissance | Homme | Ipounou (Gabon) |

Mbaye	Homme paré de dignité ; seigneur, chef, maître	Homme	Ipounou (Gabon)

Mani	Le grand seigneur, le chef, le roi	Homme	Bakongo (Congo)
Mouéné, Mwéné			Swahili (Kenya)
Nota : Mwéné est l'un des prénoms de Théophile Nzalé Obenga, un Savant originaire du Congo (Brazzaville). Champ intellectuel : essentiellement, l'histoire ancienne de l'Afrique et la linguistique historique de l'Afrique noire			

Manqoba, Manqobi	Victorieux dans les situations désespérées	Homme	Zoulou (Afrique du sud)
Nota : nombre de personnages du sport et de la culture se prénom, Monqoba			

Mapendo	Intelligence	Mixte	Lingala (Congo)

Mapenzi	La bien-aimée	Femme	Swahili (Kenya)

Masra	Je suis capable de faire	Mixte	Ngambaye (Tchad)
Nota : Masra est le patronyme d'un homme politique du Tchad, Succès Masra			

Massé	La joie	Femme	Bassa (Cameroun)

Massoda	La grâce	Femme	Bassa (Cameroun)

Matari	Précieuse	Femme	Yaka (Congo)

Matemb	L'enfant prodige	Homme	Bassa (Cameroun)

Mawagali	Prodigieux	Homme	Abaluhya (Kenya)

Mawage	Le soleil	Homme	Poular (Sénégal)

Mawete	Le bonheur	Homme	Kikongo (Congo)

Nota : Mawete est le patronyme d'un personnage politique du Congo (Kinshasa), Jean-Pierre Mawete

Mayé	Le don de Dieu	Femme	Sérère (Sénégal)

Mayele (Mayélé)	Intelligence	Mixte	Lingala (Congo)
Nota : un célèbre sportif du Congo (Kinshasa) porte le patronyme Mayele			

Monzóto	Étoile	Mixte	Lingala (Congo)

Moubali (Mbali), diminutif de Mbalenhle	Belle fleur	Femme	Zoulou (Afrique du sud)

Mbaye	Homme entouré de dignité (roi, chef, maître, seigneur, sage)	Homme	kalenji (Kenya)

Mekila	La patience	Femme	Ngambaye (Tchad)

Melom	La paix, la sérénité	Femme	Ngambaye (Tchad)

Memaji	Bon cœur, bonté	Femme	Ngambaye (Tchad)
Menkam	Le prince	Homme	Bamiléké
Menoji (Ménoji)	Amour, cœur fraternel	Femme	Sara (Tchad)
Miezi	La lumière des étoiles	Homme	Kongo (Congo)
Minda	Lumière	Mixte	Kongo (Congo)
Minu	Espoir, espérance	Homme	Kongo
Mogomaji	J'ai vu le bonheur	Homme	Ngambaye (Tchad)

Mojisola (abrége Moji)	Née sous une bonne étoile	Femme	Yorouba (Nigeria)
Nota : Mojisola est le prénom d'une écrivaine dont les travaux sur la littérature africaine ont fait florès (Mojisola Shodipe)			

Monene	Grand	Homme	Lingala (Congo)

Mongo	Le célèbre	Homme	Yorouba (Nigeria)
	La montagne		Kongo (Congo)

Monifa	Celle qui a de la chance	Femme	Yorouba (Nigeria)

Monono	La prospérité	Femme	Basotho (Afrique du sud)

Morayo	j'ai trouvé le bonheur	Mixte	Yorouba (Nigeria)
Nota : dans les milieux médiatiques, ce prénom est connu au Nigeria			

Mossane	La belle	Femme	Sérère (Sénégal)
Motoúya (Motúya)	Précieux, précieuse	Mixte	Lingala Congo
Mouanga	La lumière	Homme	Swahili (Kenya)
Mouara, Mwara	Intelligent	Homme	Kikouyou (Kenya)
Mouayé	La lumière	Homme	Douala (Cameroun)
Mougambi	Le leader, le chef de la tribu	Homme	Merou (Kenya)
Moukouna	La montagne	Mixte	Kasaï (Congo)

Nota : Moukouna est le patronyme d'un personnage reconnu pour son œuvre fondatrice dans la musique du Congo (Kinshasa) des années 1950-1960 (Baguino Moukouna)

Moureithi	Le guide	Homme	Kikouyou (Kenya)

Mouriouki (Muriuki)	Celui qui renaît	Homme	Kikouyou (Kenya)
Nota : c'est un patronyme connu dans le milieu politique, entrepreneurial et universitaire du Kenya			

Mourouthi	Le lion	Homme	Kikouyou (Kenya)

Mousima	La chance	Mixte	Douala (Cameroun)

Moutoto	Étoile	Mixte	Kasaï (Congo)

Mouyissi	La beauté	Femme	Ipounou (Gabon)
Nota : une figure célèbre dans le domaine politique et économique du Gabon porte ce patronyme			

N			

Naj	Le soleil	Femme	Wolof (Sénégal)

Nakimuli	La fleur	Femme	Baganda (Ouganda)

Nal	Le soleil	Homme	Dogon (Mali)

Naledi	L'étoile	Femme	Basotho (Afrique du sud)
Nota : Naledi est le prénom de Madame Pandor, une femme politique et ministre d'Afrique du sud			

Nam	Le soleil	Homme	Bamiléké

Namibi	Le bouclier de feu	Mixte	Kikongo (Congo)

Nandi	La délicieuse, la douce	Femme	Zoulou (Afrique du sud)
Nota : Nandi (XVIIIe-XIXe siècle de notre ère) est le prénom de la mère du célèbre roi des zoulou, Chaka			

Nawague	Le soleil	Homme	Poular (Sénégal)

Nefermaat (2600 avant notre ère)	La beauté de la Maat (justice, vérité)	Homme	Pharaonique (Égypte)
Nota : Nefermaat est le frère de Kheops et fils du pharaon Snefrou. C'est un artiste, inventeur de la technique des incrustations de pâtes colorées[ix]			

Nemaji	La source de bonheur	Femme	Ngambaye (Tchad)

Néneh	La maman	Femme	Poular (Sénégal)
Nota : Neneh (Néneh) est le prénom de la chanteuse américaine Neneh Cherry			

Neumem	Je suis né chanceux	Homme	Ngambaye (Tchad)

Nougana (Ngana)	L'intelligence	Homme	Ngambaye (Tchad)

Nougaré, Nogaré (Ngare)	Le léopard	Homme	Kikouyou (Kenya)

Nougengeti, Nogengeti (Ngengeti)	L'étoile	Femme	Douala (Cameroun)

Nougola (Ngola)	Le souverain	Homme	Kimbundou (Angola)
Nota : la reine Nzinga est également appelée Ngola Nzinga (Souveraine Nzinga)			

Nougozi (Ngozi)	Bénie	Femme	Ibo (Nigeria)
Nota : Ngozi est le prénom d'un Directrice générale de l'Organisation mondiale du commerce : Okonjo-Iweala. C'est également le prénom le patronyme d'une écrivaine : Chimamanda Ngozi Adichie			

Nougui (Ngui)	La force	Homme	Bassa (Cameroun)

Noujata (Njata)	Une étoile	Homme	Kikouyou (Kenya)

Noujemaji (Njemaji) Maji, Madji (diminutif)	L'homme de bien, le chanceux	Homme	Ngambaye (Tchad)

Noukosinathi (Nkosinathi) Nathi (diminutif)	Dieu est avec nous	Homme	Zoulou (Afrique du sud)

Nota : dans le monde sportif et musical en Afrique du sud, des personnages sont connus qui portent ce prénom

Nilaja	Celle qui apporte la joie	Femme	Yorouba (Nigeria)

Nobouhle	La mère de beauté, celle qui apporte la beauté/bonté	Femme	Zoulou (Afrique du sud)

Nontle	La mère de beauté	Femme	Xhosa (Afrique du sud)

Noueka	La merveilleuse mère	Femme	Ibo (Nigeria)
Noukirouka (Nkirouka)	Le meilleur reste à venir	Femme	Ibo (Nigeria)
Nouqobile (Nqobile)	Victorieuse d'une situation inextricable	Femme	Zoulou (Afrique du sud)
Noutalou (Ntalou)	Valeureux, valeureuse	Mixte	Kongo
Noutango (Ntango)	Le soleil	Femme	Kikongo (Congo)
Nyangou	Le soleil	Femme	Ipounou (Gabon)
Nyota	L'étoile	Mixte	Kindou (Congo)

O

Oba	Le souverain	Homme	Yorouba (Nigeria)

Ola	Mon étoile s'est Levée	Mixte	Yorouba (Nigeria)
Nota : Ola est le prénom d'un célèbre écrivain nigerian, Ola Rotimi. C'est également celui d'un chanteur et compositeur, Ola Onabule.			

Olafemi	Chanceux	Homme	Yorouba (Nigeria)

Olamidé	Mon bonheur est arrivé	Femme	Yorouba (Nigeria)
Nota : Olamide est le prénom d'un chanteur et compositeur du Nigeria.			

Olaniyi	La richesse	Femme	Yorouba (Nigeria)

Oloubori Bori (diminutif)	Dieu m'a rendu victorieux	Homme	Yorouba (Nigeria)

Oloufemi Femi (diminutif)	Dieu m'a donné	Mixte	Yorouba (Nigeria)
Nota : Femi est l'appellation du fils de Fela Kuti, l'inventeur de l'Afrobeat. Il a poursuivi l'œuvre musicale de son père en y apportant sa spécificité. Un autre Femi célèbre (Olufemi Otedola) : un des hommes d'affaire les plus riches du Nigeria, investissant entre autres dans le secteur pétrolier.			

Oloukemi Kemi (diminutif)	Dieu m'a béni	Homme	Yorouba (Nigeria)
Nota : Olukemi Lijadu est un producteur cinématographique du Nigeria			

Oloushegoun Shegoun (diminutif)	Dieu a gagné la bataille	Homme	Yorouba (Nigeria)
Nota : Olushegun (Oloushegoun) est le prénom d'un anciens Président nigérian. C'est également l'un des prénoms de l'artiste musicien nigérian Fela Kuti Harold Olusegun Demuren est un Ingénieur aéronautique et ancien Directeur général de l'Autorité de l'aviation civile du Nigeria			

Olousheyi Sheyi	Dieu a fait quelque chose de bien	Homme	Yorouba (Nigeria)
Nota : Sheyi Adebayor est l'un des plus talentueux footballeurs togolais ayant participé à la coupe du monde en 2006. Hakeem Oluseyi (Olusheyi) est un Astrophysicien, cosmologue et inventeur américain			

Oloushinan, Oloushina Shinaan, Shina (diminutif)	Dieu (Olou) m'a frayé (shi) un chemin (na)	Homme	Yorouba (Nigeria)
Nota : Shina Peller est un entrepreneur nigérian Shina Peters est un musicien nigérian			

Oloushola	Béni	Mixte	Yorouba (Nigeria)
Nota : Olusola est le prénom d'une femme poliitique de haut rang au Nigeria			

Oloushouyil Shouyil (diminutif)	Dieu m'a donné de La valeur	Homme	Yorouba (Nigeria)

Onaedo	L'or	Femme	Ibo (Nigeria)

Oni	Désirée	Femme	Yorouba (Nigeria)

Oroum	Le soleil	Homme	Yorouba (Nigeria)

Oseye	L'heureuse	Femme	Benin (Nigeria)

Oyinlola	Ma vie est pleine de miel (bonheur)	Femme	Yorouba (Nigeria)

Nota : Oyinlolo est le patronyme d'un homme politique du Nigeria (Olagunsoye Oyinlola)

P

Palesa	La fleur	Femme	Basotho (Afrique du sud)

Panehesy	Le Nubien	Homme	Pharaonique (Égypte ancienne)

Nota : Panehesy, un prénom pharaonique qui signifie *« le Nubien »*, est déformé dans la Bible sous l'appellation Pinéhas, connue comme est un petit-fils d'Aaron (Exode 6 $_{25}$). Un dénommé Panehesy fut un noble du temps du pharaon Akhenaton.

Pidénam	Que cela (la vie) me réussisse	Mixte	Kabyè (Togo)

Preye	Le cadeau de Dieu	Mixte	Ibo (Nigeria)

<table>
<tr><td colspan="4" align="center">R</td></tr>
</table>

Ranaa	Le soleil	Femme	Haoussa (Niger)

Rassou	Bénédictions	Femme	Baoulé (Côte d'Ivoire)

Remaji	Bienvenue	Femme	Ngambaye (Tchad)

Rianoji	Le fruit de la famille	Femme	Sara (Tchad)

Riva	Le soleil	Femme	kikouyou (Kenya)

<table>
<tr><td colspan="4" align="center">S</td></tr>
</table>

Saï, Say Nsaï, Nsay	Joie	Mixte	Lingala (Congo)

Sarah	La charité	Femme	Wolof (Sénégal)

Selom	Le Destin m'aime	Homme	Ewe (Togo)

Nota : Selom est le prénom d'une éminence politique au Togo (Selom Klassou)

Sema	Faire jaillir la lumière	Homme	Kikongo (Congo)

Sena (Séná)	Le Destin a donné, Dieu a donné	Femme	Fon (Bénin) Ewe (Togo)

Senenmout		Homme	Pharaonique (Égypte)

Nota : Senemout est un Grand architecte de la XVIIIe dynastie (XVe siècle avant notre ère), et l'inventeur d'une écriture secrète (cryptogramme). Il est le favori de la reine Hatshepsout. Il porte des scarifications au visage, comme encore récemment en Nubie.

Sepopo	Fleur	Femme	Ewe (Togo)

Seyram	Le Destin m'a béni, Dieu m'a béni	Homme	Ewe (Togo)

Sibeth	Celle qui a gagné beaucoup de combats	Femme	Diola (Côte d'Ivoire)

Nota : Sibeth est le prénom de Sibeth Ndiaye, ancienne femme politique et conseillère en communication

Siboniso	Leader	Homme	Zoulou (Afrique du sud)

Nota : Siboniso est un prénom porté par deux figures majeures du football en Afrique du sud

Sika (Siká)	L'or	Femme	Fon (Bénin)
			Ewe (Togo)

Silouwe	Le léopard	Homme	Tonga (Zambie)

Simba	Lion	Homme	Swahili (Kenya)
Nota : Simba est le nom d'un ancien footballeur célèbre, Amara Simba, d'origine sénégalaise.			

Sindika	L'envoyé, l'émissaire	Femme	Kikongo (Congo)
Nota : Sindika est le prénom d'un homme d'affaires et collectionneur d'art du Congo (Kinshasa), Sindika Dokolo.			

Sitou	La bénédiction	Mixte	Ewe (Togo)

Solim	L'amour	Mixte	Kabyè (Togo)

Souajim	Le Créateur m'a sauvé	Homme	Ngambaye (Tchad)

Soubi	L'espoir	Mixte	Baganda (Ouganda)

Soudi	Le succès, la chance	Homme	Swahili (Kenya)

Sourou	La patience	Homme	Yorouba (Nigeria)

T

Tali	Le soleil	Femme	Téké (Gabon)

Taria-Nouba	Amour de Nouba (Dieu)	Femme	Sara (Tchad)

Tau	Le lion	Homme	Tswana (Botswana)

Tchègun (Shègun)	La victoire	Homme	Yorouba (Nigeria)

Tchitèke	La fleur	Femme	Tchivili (Congo)

Thabo	La joie, le bonheur	Homme	Tswana (Botswana)

Nota : Thabo est le prénom d'un ancien Président d'Afrique du sud (Thabo Mbeki), de même que d'un joueur de basket aux USA (Thabo Sefolosha)

Télou	Le baobab	Homme	Kabyè (Togo)

Thema	La reine	Femme	Akan (Côte d'Ivoire)

Themba	La confiance, l'espoir	Homme	Zoulou (Afrique du sud)
Nota : Themba est un prénom porté par des personnalité du sport et de la culture			

Tiki	Précieux	Homme	Douala (Cameroun)

Tilé	Le soleil	Homme	Bambara (Mali)

Tinak	Le soleil	Homme	Diola (Côte d'Ivoire)

Titi	L'audace	Homme	Douala (Cameroun)

Titilayo	La joie éternelle	Femme	Yorouba (Nigeria)
Nota : Titilayo est le prénom d'une personnalité académique et chercheuse (Titilayo Omojola), comme celui d'un chanteuse d'opéra et actrice américaine du Nigeria (Titilayo Adedokun).			

Toboin	Le lion	Homme	Ngambaye (Tchad)

Togba	Guerrier	Homme	Bété (Côte d'Ivoire)

Toko	Une beauté	Femme	Kongo (Congo)

Tolè	La constellation	Femme	Douala (Cameroun)

Toyou	Le lion	Homme	Kabyè (Togo)

Tschieng	Homme	Le soleil	Louo (Kenya)

<table>
<tr><td colspan="4" align="center">U</td></tr>
</table>

Uendé (Ouendé)	Le soleil	Homme	Moré (Burkina)

Unika (Ounika)	L'éclairé	Homme	Lomwe (Mozambique)

Urbi (Ourbi)	La princesse	Femme	Benin (Nigeria)

<table>
<tr><td colspan="4" align="center">V</td></tr>
</table>

Vemileke	Dieu m'a placé au sommet, Dieu me fait triompher des vicissitudes de la vie	Homme	Yorouba (Nigeria)

Voumilia	L'audacieux	Homme	Swahili (Kenya)

Vouvou	Espoir, espérance	Homme	Kongo

<table>
<tr><td colspan="4" align="center">W</td></tr>
</table>

Wandile	Celui qui est extraordinaire	Homme	Zoulou (Afrique du sud)

Wangari	Le léopard	Femme	Kikouyou (Kenya)

Nota : Wangari est le prénom de Wangari Mathai, une Kenyane, une militante écologiste, Professeur d'anatomie, qui a reçu un Prix Nobel de la Paix en 2004 pour son engagement dans l'écologie.

Wariss	L'audacieux	Femme	Ipounou (Gabon)

Wassia	Celle qu'on ne peut dépasser	Femme	Bété (Côte d'Ivoire)

Wazi	L'invincible, celui qu'on ne peut dépasser	Homme	Bété (Côte d'Ivoire)

Wei	Le soleil	Homme	Douala (Cameroun)

Weynow	Le soleil	Homme	Songhay (Niger)

Wia	Le soleil	Femme	Baoulé (Côte d'Ivoire)

Wouro	Le soleil	Homme	Bobo (Burkina)

Y			

Yafeu	L'audacieux	Homme	Fante (Ghana)

Yamb	Abeille	Femme	Wolof (Sénégal)

Yayra	La bénédiction	Mixte	Ewe (Togo)

Yessi	La chance	Femme	Ipounou (Gabon)

Yelkom	Assure ma descendance	Mixte	Ngambaye (Tchad)

Yi	La sagesse	Homme	Bassa (Cameroun)

Yitou	L'espoir	Femme	Ipounou (Gabon)

Yomi	Je suis sauvé par mon destin	Homme	Yorouba (Nigeria)
Nota : Yomi est le prénom d'un entrepreneur, Yomi Denzel			

Yoro	Le soleil	Homme	Bété (Côte d'Ivoire)

Yorouba	La paix	Femme	Ibo (Nigeria)

Z			

Zayi	La sagesse, la philosophie	Homme	Kongo (Congo)

Zely	La lumière	Femme	Bété (Côte d'Ivoire)

Zithembe	Crois en toi-même	Homme	Zoulou (Afrique du sud)

Zo	Le soleil	Homme	Fang (Gabon)

Zola	L'amour	Femme	Kongo

Zouberi	Fort, puissant	Homme	Swahili (Kenya)

Zouna	L'abondance	Femme	Bobangi (Congo)

Références bibliographiques sélectives

AHANDA, N (2019). *Le guide des prénoms africains*. Hogo women.

MAIKOUBOU, D. (2012). *Les noms de personnes chez lez Ngambayes du Tchad*. Paris : l'Harmattan.

NOUTAIS, G. (2020). *Mon prénom africain*. Bookelis.

OLAIYA, D. (2022). *1000 noms yoruba et leurs significations*. Modern Yoruba Press.

SAMBA, E. (2018). *Noms et prénoms d'Afrique*. La Doxa, éditeur militant.

Table des matières

Notes de bas de page

Aimé Césaire (2009). *Et les chiens se taisaient* (*Les armes miraculeuses.*
Paris : Gallimard, page 105).

[ii] Aimé Césaire (1970). *Et les chiens se taisaient*
(in Les armes miraculeuses, Paris : Gallimard) : 120.

[iii] Jacques Fédry (2009). « "Le nom, c'est l'homme" », *L'Homme*, 191 | 2009,
77-106.
Référence électronique : Jacques Fédry. « "Le nom, c'est l'homme" »,
L'Homme [En ligne], 191 | 2009.
Mis en ligne le 01 janvier 2011, consulté le 15 avril 2024. URL :
http://journals.openedition.org/lhomme/22195 ;
DOI : https://doi.org/10.4000/lhomme.22195

[iv] Frédy, *ibid.*

[v] Victor Schœlcher (2007 : 197). *Esclavage et colonisation.* Paris : PUF.

[vi] Aimé Césaire (2000). *La tragédie du roi Christophe.* Paris :
Présence africaine (I, 3).

Théophile Obenga (2005). *L'Égypte, la Grèce et l'École d'Alexandrie.* Paris :
Khepera, l'Harmattan, page 183.

[viii] Oum Ndigi (1997 : 438).
Les Basa du Cameroun et l'antiquité pharaonique égypto-nubienne.
Recherche historique et linguistique comparative sur leurs rapports culturels
à la lumière de l'égyptologie. Lille : ARNT.

Théophile Obenga (1990). *La philosophie africaine de la période pharaonique.*
Paris : l'Harmattan, page 519.

9 798323 889563